MW01634856
PICARDIE
Rouen
Compiègne
Lisieux
Reims
NORMANDIE
LORRAINE
Nancy
Paris
ÎLE-DE-
FRANCE
CHAMPAGNE
Vaucouleurs
Domrémy
Seine
Neufchâteau
Chartres
ORLÉANAIS
Patay
Orléans
Auxerre
BOURGOGNE
Vendôme
Sully
Gien
Blois
BERRY
Tours
Chinon
TOURAINE
Bourges
Poitiers

À *Caroline, affectueusement* – J. P.

Pour Christopher Brown, un ami de toujours,
avec mon affection – A. B.

Josephine Poole

JEANNE D'ARC

Illustrations d'Angela Barrett

Recherches : Vincent Helyar

les albums duculot

casterman

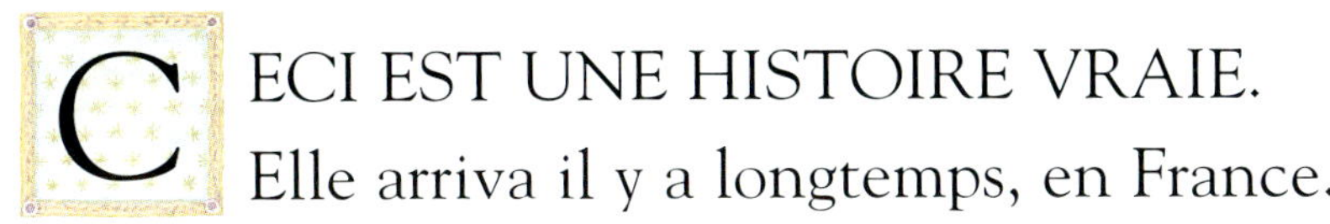

CECI EST UNE HISTOIRE VRAIE. Elle arriva il y a longtemps, en France.

Le roi de France était en danger. Son cousin, le duc de Bourgogne, voulait s'emparer du trône, et il avait persuadé l'Angleterre de s'allier à lui.

Les navires anglais cinglèrent vers les côtes de France. Les seigneurs et les soldats d'Angleterre prirent de nombreuses villes qui appartenaient au jeune roi français. Il semblait devoir perdre son trône, avant même d'avoir été couronné dans les formes.

Au plus profond de la campagne, vivait une fille appelée Jeanne. C'était la fille d'un fermier. Elle aidait sa mère à la maison, elle travaillait aux champs avec ses frères. Son père était le maire du village.

UN JOUR d'été, alors que Jeanne se trouvait seule dans le jardin, l'air tout à coup se fit clair, lumineux. Bien plus lumineux que le soleil ne l'aurait permis. Elle se demandait ce qui se passait, quand elle entendit des voix. Des voix qui lui parlaient.

D'abord elle eut peur, puis elle comprit que ces voix venaient d'en haut. En les écoutant, elle fut remplie de joie. Elle ne s'était jamais sentie aussi joyeuse.

Quand les voix se turent, et que la lumière s'évanouit, elle se mit à pleurer.

Jeanne avait treize ans quand c'était arrivé. Durant les quatre années qui suivirent, les voix lui parlèrent souvent, mais elle n'en souffla mot à personne. Les écouter était plus important que tout, même si parfois les voix lui parlaient de la guerre, alors elle pleurait.

Le temps passa, et son cœur fut rempli de la volonté de rendre le royaume à son roi.

ORLÉANS était l'une des plus grandes villes de France. À présent, les soldats anglais la cernaient, ils la canonnaient avec leurs bombardes. Ils n'allaient pas tarder à s'en emparer.

À l'intérieur de la ville, les habitants priaient pour qu'une armée se porte à leur secours. Mais il ne vint personne.

Loin de là, les voix parlaient à Jeanne. Elles lui dirent que Dieu l'avait choisie pour sauver Orléans. Ensuite, elle devrait conduire le roi à Reims, pour qu'il y soit couronné.

Jeanne croyait tout ce que les voix d'en haut lui disaient. Elle savait qu'elles venaient de Dieu. Si elle leur obéissait, rien ni personne ne pourrait l'arrêter.

JEANNE avait besoin d'une armée pour vaincre les Anglais. Elle devait voir le roi, mais il se trouvait au loin. Alors elle mit sa plus belle robe et partit, sans avertir personne. Elle marcha jusqu'à la ville la plus proche, où elle demanda à voir le capitaine des gardes. Elle lui expliqua que Dieu l'avait choisie pour sauver Orléans, et lui demanda d'organiser son voyage pour rencontrer le roi.

Le capitaine éclata de rire, il se moqua d'elle. Mais elle revint le voir, encore et encore, jusqu'à ce qu'il accepte de l'aider.

Il lui confia un cheval et quatre gardes. Elle coupa sa chevelure, elle s'habilla en homme, pour voyager en sécurité. Elle était prête.

Tous les habitants de la ville vinrent assister à son départ.

DES RUMEURS au sujet de cette campagnarde étaient déjà parvenues jusqu'au roi. Quand il apprit qu'elle arrivait, il enleva sa couronne et s'habilla comme l'un de ses seigneurs. Il voulait la tester, voir si vraiment elle avait des pouvoirs surnaturels.

Le soir même, Jeanne arriva au palais. La grande salle était pleine de monde et de lumière. Elle se dirigea droit vers le roi et s'inclina. « Dieu vous protège, mon roi », dit-elle.

« Je ne suis pas ton roi, Jeanne, le roi, c'est lui » – fit-il en désignant l'un de ses compagnons.

« Par Dieu, sire, le roi c'est vous et personne d'autre ! »

Plus tard, en privé, Jeanne lui raconta ce que les voix lui avaient dit. Elle devait libérer Orléans et conduire le roi à Reims pour qu'il y soit couronné.

LE ROI savait que seul un miracle pouvait le sauver. Mais Jeanne n'était qu'une fille comme les autres ! Et si son pouvoir ne lui venait pas de Dieu ? Si c'était une sorcière ?

Il n'arrivait pas à se décider. Mais elle savait ce qui allait se passer. Il n'y avait pas de temps à perdre. Elle apprit à galoper sur un destrier et à manier la lance.

Et, finalement, les ordres vinrent.

Orléans bourdonnait de rumeurs. Dieu avait envoyé une jeune fille aux pouvoirs miraculeux ! Elle pouvait prévoir l'avenir ! Des saints étaient descendus du ciel pour lui parler ! Elle se dirigeait, avec des hommes en armes et des provisions, vers Orléans !

C'était vrai. Un convoi de chariots était en route, et Jeanne galopait en tête avec les capitaines.

Cette nuit-là, elle fit irruption dans la ville par la porte arrière. Les rues étroites étaient envahies d'hommes et de femmes qui portaient des torches. Ils l'acclamaient et se pressaient pour pouvoir la toucher.

Ils se bousculaient, et une torche mit le feu à son étendard. Éperonnant son cheval, elle le fit obliquer vite et bien, et put éteindre les flammes. Tous ceux qui virent cela s'émerveillèrent de son talent de cavalière.

LE SOIR qui suivit, Jeanne sortit sur le pont, devant la ville. De là, elle put voir la multitude des soldats anglais qui campaient de l'autre côté du fleuve. Mais son cœur était plein de ce que les voix lui avaient dit. Elle savait qu'au jour de la bataille elle gagnerait et, par pitié pour les Anglais, elle leur cria que s'ils se rendaient, ils auraient la vie sauve.

Ils s'esclaffèrent : « Petite paysanne ! Prends garde à ce que nous ne t'attrapions pas ! On te brûlerait ! »

Elle fut en colère et s'en retourna dans la ville.

Jeanne avait besoin d'hommes plus nombreux pour pouvoir affronter la masse des Anglais. Quand de nouveaux soldats la rejoignirent, elle dit au prêtre qui l'accompagnait : « Lève-toi tôt demain, et ne me quitte pas. Car demain, j'aurai beaucoup à faire, plus que jamais et, demain, le sang coulera. »

LE LENDEMAIN, Jeanne sortit de la ville avec ses soldats et tous les hommes et les garçons assez forts pour se battre. C'est que l'armée anglaise était énorme, et très puissante. William Glasdale était à sa tête, que Jeanne appelait Classidas. La bataille commença.

Très vite, Jeanne fut touchée par une flèche et se mit à saigner. Elle prit peur et pleura. On accourut pour la soigner. Mais elle enleva elle-même son armure, étancha le sang et retourna au combat.

La bataille s'éternisait. Au crépuscule, le capitaine des Orléanais dit que ses hommes en avaient assez. Il voulut sonner la retraite vers la ville.

Jeanne le pria d'attendre juste un peu. Alors elle se rendit, seule, dans un enclos désert. Elle pria, puis remonta à cheval, leva son étendard, et franchit les tranchées en hurlant : « La victoire est à vous ! En avant ! »

LE CŒUR des Français s'enthousiasma et, lorsque les Anglais la virent, ils furent pris de terreur. Plusieurs centaines d'entre eux se bousculèrent sur le pont, en voulant se retrancher de l'autre côté. Dans la panique, beaucoup périrent.

Alors Jeanne se mit à crier : « Classidas, Classidas, rends-toi, soumets-toi au Roi du ciel. Tu m'as injuriée, pourtant j'ai pitié de ton âme et de tes gens ! » Mais Glasdale, armé de pied en cap, tomba à l'eau et se noya. Jeanne le pleura, lui et tous ceux qui étaient morts ce jour-là.

Les Français triomphants rentrèrent à Orléans, où toutes les cloches sonnaient. Jeanne fut emmenée jusqu'à son logis. Le chirurgien recouvrit sa blessure d'huile et de graisse, puis elle mangea quatre ou cinq tranches de pain grillé avec un peu de vin coupé d'eau, qu'elle but dans une coupe d'argent. C'est tout ce qu'elle mangea et but ce jour-là.

LE MATIN venu, les Anglais se mirent en ligne comme s'ils allaient donner l'assaut. Alors Jeanne sortit à leur rencontre, avec de nombreux soldats et habitants de la ville. Les Français et les Anglais se firent face pendant toute une heure, mais personne ne donna le signal du combat. Finalement, les Anglais s'en allèrent en suivant le fleuve.

Alors Jeanne s'en retourna dans la ville. Et chacun remercia Dieu, et chacun le pria, car il avait plu à Dieu qu'une jeune fille chasse les ennemis du roi.

Le siège d'Orléans était levé. À présent, Jeanne devait conduire le roi à Reims pour qu'il y soit couronné. Or cette partie du pays était toujours aux mains des Anglais. Elle partit en avant, pour libérer la route. Son armure brillait et elle tenait une petite hache. Une puissante troupe en armes l'accompagnait, car chacun voulait maintenant se battre à ses côtés.

Les Anglais se dirent que Jeanne était une sorcière, que son pouvoir lui venait du diable. Mais les Français l'appelaient Jeanne la Pucelle, fille de Dieu. Des gens avaient vu des nuées de papillons blancs voleter autour de son étendard. Ils étaient sûrs que Dieu la commandait par les voix qu'elle entendait et qui lui disaient : « Va, va, fille de Dieu, j'accompagne ta main ! » Jeanne obéissait simplement, et rien ni personne n'aurait pu l'arrêter.

Quand les habitants de Reims virent arriver le roi, ils sortirent de la ville pour l'accueillir. Le lendemain, il fut couronné dans la cathédrale, en grande cérémonie. Mais lorsque Jeanne s'agenouilla devant lui, ses yeux se remplirent de larmes. Elle ne pouvait oublier combien d'hommes étaient morts pour le souverain.

À PRÉSENT, Jeanne avait accompli sa tâche et il lui fallait rentrer chez elle. Mais les capitaines voulaient qu'elle reste avec eux, pour qu'ils gagnent encore bien des batailles ensemble.

On apprit que la ville de Compiègne était assiégée. Ses habitants préféraient mourir plutôt que de se rendre. Jeanne ne supporta pas de les laisser à leur sort, même si les voix lui disaient que si elle y allait, elle serait capturée.

Elle conduisit une petite armée jusqu'à Compiègne, et la nuit ils contournèrent le camp ennemi, pour pénétrer dans la ville. Le matin venu, ils firent une sortie. Mais le commandant de la ville ne croyait pas qu'une si petite armée pût les sauver. À peine Jeanne et ses hommes étaient-ils sortis, qu'il ordonna qu'on ferme les portes de la cité. La petite troupe se retrouva isolée.

Ils étaient trop peu nombreux. Jeanne était facilement reconnaissable à la tunique qu'elle portait sur son armure. Un soldat l'arracha à bas de son cheval.

JEANNE fut emprisonnée dans un château qui se trouvait au milieu d'une forêt. Sa cellule était isolée tout en haut d'une tour. De tristes pensées la tourmentaient. Tant de braves étaient morts – elle-même aurait voulu donner sa vie pour son roi ! Pourquoi ne la secourait-il pas, à présent ? Qu'allait-il lui arriver ?

En fait, le roi avait secrètement décidé d'une trêve avec son perfide cousin de Bourgogne et avec les Anglais – et Jeanne faisait partie du marché.

Désespérée, elle fit ses prières puis sauta par une fenêtre. Elle fut aussitôt reprise et ramenée dans sa prison, contusionnée au point de ne rien pouvoir manger et boire durant deux jours. C'est dans ces épouvantables moments que lui apparurent saint Michel et ses anges, venus la réconforter. L'archange lui semblait si beau, si aimable, qu'elle pleura lorsqu'il la quitta, car elle aurait voulu l'accompagner au ciel.

Finalement, on la conduisit à Rouen pour y être jugée. Elle était aux mains des Anglais et ceux-ci voulaient s'en débarrasser, car les petites gens la considéraient comme une héroïne et une sainte. Une cour spéciale l'accusa d'hérésie : elle prétendait entendre des voix divines, elle prétendait parler à des saints et même les voir. La punition, pour oser prétendre cela, c'était la mort.

LE REDOUTABLE Cauchon, évêque de Beauvais, attendait Jeanne. Les Anglais l'avaient payé pour s'assurer que le procès tournerait à son désavantage. Cet homme se disait qu'il pourrait facilement confondre la petite paysanne, mais il se trompait. Elle n'eut pas peur de lui. Elle l'avertit : « Vous dites être mon juge. Réfléchissez bien à ce que vous allez faire, parce qu'en vérité c'est Dieu qui m'envoie, et vous courez un grand danger. »

Jeanne se trouvait maintenant emprisonnée dans le château de Rouen, cruellement enchaînée à son lit. On la questionna longtemps, mais elle répondait avec tant d'assurance que personne ne put la prendre en défaut.

Pourtant, elle fut jugée hérétique, et condamnée au bûcher.

Les voix lui dirent : « Ne te plains pas de ton sort. Par ton sacrifice, tu iras en Paradis. »

Les Anglais exécutèrent la sentence. Mais c'est un Anglais qui, à la fin, lui confectionna une petite croix de bois, qu'elle embrassa et dissimula sous ses vêtements. Ainsi, elle mourut par le feu, et ses cendres furent dispersées dans le fleuve.

MAIS ce n'était pas la fin. Une sainte, c'est comme une étoile. Une étoile qui brille à l'infini.

Chronologie

1412 ?		Jeanne naît à Domrémy, fille d'Isabelle et Jacques d'Arc
1415		Le roi d'Angleterre Henri V, prétendant au trône de France, défait les Français à Azincourt
1420		Henri V épouse Catherine, fille du roi de France Charles VI
1422		Mort d'Henri V Mort de Charles VI Le dauphin prend le titre de Charles VII, roi de France
1423		Traité d'Amiens entre le duc de Bedford et le duc de Bourgogne Soumission de la Normandie aux Anglais
1424 ?		Jeanne entend pour la première fois l'archange saint Michel lui parler dans le jardin de Domrémy Elle entend également sainte Catherine et sainte Marguerite
1428	*mai*	Première visite de Jeanne à Vaucouleurs, pour rencontrer le capitaine Baudricourt
	12 octobre	Orléans est assiégée par les Anglais et les Bourguignons
1429	*février*	Jeanne se rend à Chinon pour rencontrer le dauphin
	29 avril	Jeanne entre à Orléans
	8 mai	Libération d'Orléans
	29 juin	L'armée royale part pour Reims à travers le territoire occupé, via Auxerre, Troyes et Châlons
	17 juillet	Couronnement du roi Charles VII à Reims
	septembre	Assaut de Paris aux mains des Anglais, sans succès Charles VII disperse son armée Jeanne lève une petite armée
	novembre	Assaut de La Charité, sans succès Charles VII anoblit la famille de Jeanne, mais négocie avec le duc de Bourgogne
1430	*mai*	Siège de Compiègne par les Bourguignons Jeanne vient au secours de la ville avec une troupe réduite
	23 mai	Jeanne est faite prisonnière
	23 décembre	Jeanne est emmenée à Rouen, alors capitale de la Normandie aux mains des Anglais
1431	*9 janvier*	Début du procès de Jeanne
	30 mai	Jeanne au bûcher, sur la place du marché à Rouen
1435		Traité d'Arras entre la France et la Bourgogne
1436		Soulèvement à Paris
1437		Charles VII entre à Paris
1449		Soulèvement à Rouen
	novembre	Charles VII entre à Rouen
1450	*15 février*	Lettre de Charles VII ordonnant une enquête sur le procès de Jeanne
	mars	Première enquête avec convocation et audition de témoins
1452	*mai*	Enquête ecclésiastique sur le cas de Jeanne
1455	*juin*	Le pape autorise Isabelle, la mère de Jeanne, à entamer un procès en réhabilitation
1456	*juillet*	Réhabilitation de Jeanne au palais de l'archevêque de Rouen
1920	*9 mai*	Jeanne est canonisée

Version originale publiée en 1998 en Grande-Bretagne sous le titre « Joan of Arc »
par Hutchinson Children's Book
Random House UK Limited

Traduction française : Arnaud de la Croix

Dépôt légal : mars 1999 ; D.1999/0053/63
ISBN 2-203-55387-1

Déposé au ministère de la Justice, Paris (loi n° 49.956 du 16 juillet 1949
sur les publications destinées à la jeunesse)

Imprimé à Singapour

ANGLETERRE

MANCHE

Cherbourg

BRETAGNE

MAIN

Loire

POIT